NATIONAL
GEOGRAPHIC

Safari de víboras

EDICIÓN PATHFINDER

Por Rom Whitaker

CONTENIDO

Safari de víboras

Las amen o las odien, nadie comprende a las serpientes.

Por Rom Whitaker

Soy Rom Whitaker, y me encantan las serpientes. Ya sé lo que estás pensando. Mucha gente le teme a las serpientes. Pero cuando yo veo una, solo quiero acercarme y estudiarla.

Me gustan las serpientes desde que era niño. Me encontré con la primera cuando tenía tan solo cuatro años. Era una serpiente jarretera. Desde entonces he estado enamorado de ellas.

He viajado por el mundo buscando serpientes. El científico que estudia las serpientes se llama herpetólogo. La mayor parte del tiempo, busco serpientes que viven en la naturaleza, pero algunas veces, ellas me buscan a mí.

La realeza reptil

Mi encuentro más sorprendente con una serpiente fue en India. Estaba acampando en un bosque cuando vi a una serpiente meterse debajo de un arbusto. Pensé que era una inofensiva serpiente ratonera, entonces metí la mano en el arbusto y le agarré la cola.

No podía haber estado más equivocado. Al escuchar un extraño gruñido, miré hacia arriba. Una cobra real me estaba mirando. ¡Tenía el corazón en la boca!

Con la capucha abierta, parecía que la cobra estaba lista para atacarme. Definitivamente no quería que eso sucediera. La cobra real es la serpiente **venenosa** más larga. Puede tener 18 pies

Cuando se la molesta, la cobra eleva la parte superior de su cuerpo y despliega unas costillas especiales que forman una intimidante capucha. La capucha hace que la serpiente parezca más grande de lo que es.

de largo. Generalmente, las cobras rey se mantienen alejadas de la gente. Muerden solo cuando se las tomas por sorpresa. Estoy seguro de que agarrarla de la cola la sorprendió bastante.

Solté la cola de la cobra. Por fortuna, la serpiente simplemente se fue. Por supuesto que no podía dejarla escapar. Corrí a toda velocidad detrás de ella y la capturé con mi bolsa de dormir. De esa forma, podría estudiarla más tarde.

Desde ese momento, las cobras reales se convirtieron en unas de mis serpientes favoritas. Trabajo para proteger los bosques en los que viven estas increíbles criaturas. Quiero asegurarme de que las cobras nunca desaparezcan o se **extingan.**

Un mundo de serpientes

Mi primer encuentro con una cobra real fue atemorizante, pero hay muy pocos motivos para temerles a todas las serpientes. Existen 2400 tipos, o especies, de serpientes en todo el mundo. Solo 270 especies tienen un veneno que es peligroso para los seres humanos.

La mayoría de las serpientes tiene mala reputación. En realidad no son viscosas, y la mayoría de ellas se mantiene alejada de la gente. De hecho, las serpientes a menudo nos ayudan al comerse a los insectos y animales dañinos que pueden traer enfermedades, como por ejemplo las ratas.

Cuanto más conozcas a las serpientes, menos miedo les tendrás. Hagamos un safari de serpientes y conozcamos a algunas de las más increíbles. Tendremos que tener cuidado, ya que algunas de ellas son muy peligrosas. Algunas incluso podrían matarte.

Todas las serpientes son reptiles. Son de la familia de los lagartos, las tortugas y los cocodrilos. Todos los reptiles tienen **sangre fría.** Eso significa que sus cuerpos no producen calor. En su lugar, absorben el calor del aire y el suelo.

Cuando la serpiente de cascabel sacude su cola, el cascabel hace ruido .

La lengua bífida de las serpientes capta señales químicas del aire y los objetos.

Cascabeleando en soledad

En los Estados Unidos viven muchos tipos de serpientes, pero una de ellas se destaca. Se trata de la serpiente de cascabel.

La serpiente de cascabel es conocida por el cascabel que tiene en la punta de la cola, el cual utiliza para advertir a sus enemigos de que está a punto de atacar. Pero el cascabel no es la única característica especial de las serpientes de cascabel.

Las serpientes de cascabel es una **víbora de foseta**. Estas serpientes tienen un órgano que detecta el calor. Gracias a él, las víboras de foseta pueden saber la ubicación de otras criaturas, incluso en la oscuridad.

El calor es tan solo uno de los métodos que usan las víboras de foseta para encontrar a otras criaturas. Al igual que la mayoría de las serpientes, pueden ver y oler. Sin embargo, las serpientes tienen un olfato especial. Utilizan la lengua.

Las serpientes sacan su lengua bífida para detectar los olores. Las bifurcaciones de su lengua ayudan a las serpientes a saber de qué dirección proviene el olor.

Una serpiente al ataque

Algunas veces me cuesta saber dónde encontrar a una serpiente. Una noche me encontraba conduciendo en Arizona en busca de serpientes de cascabel. Las serpientes a menudo se mueven por las rutas durante la noche. Las rutas son más cálidas que el campo. El calor de las rutas ayuda a las serpientes de sangre fría a mantenerse calientes.

Bien, estaba conduciendo por esta ruta en busca de serpientes. De repente, una serpiente toboba gata cayó de un árbol y aterrizó justo delante de mi automóvil.

Me detuve para ver qué había pasado. La serpiente estaba sobre la ruta tragándose a un murciélago. Debe haber atrapado al murciélago en el árbol, perdió el equilibrio y cayó. No estoy seguro de cómo esa serpiente pudo haber atrapado al murciélago, con las alas y todo. Pero lo hizo.

Es sorprendente que algunas serpientes se alimenten de murciélagos, pero algunas especies se alimentan de varios tipos de animales.

5

Alimento para serpientes

Las serpientes comen distintos tipos de alimento. La mayoría de ellas se alimenta de aves, peces, ranas, lagartos y ratas. Algunas serpientes más grandes comen monos.

Habitualmente las serpientes se tragan a sus presas enteras y vivas. Sin embargo, las serpientes venenosas por lo general esperan hasta que el veneno mate a sus presas. Las constrictoras aprietan a su presa hasta que esta deja de respirar. Luego, se tragan al animal.

Después de comer, la mayoría de las serpientes descansa al sol. Esto las ayuda a digerir a sus presas. Pero este también puede ser un momento peligroso. Después de comer, las serpientes por lo general son más lentas y no pueden moverse mucho. Eso las convierte en presa fácil para otros depredadores.

Las serpientes pueden pasar días, meses y, en algunos casos, años sin comer. No necesitan mucha comida para mantener el calor en el cuerpo, ya que tienen sangre fría. También almacenan grasa en el cuerpo y pueden vivir de ella durante mucho tiempo.

Las serpientes utilizan su diente de huevo para abrir la cáscara de los huevos

Monos en problemas

Pareciera que no importa dónde vaya, siempre encuentro serpientes. Durante un viaje a Costa Rica, pude observar muchos tipos de serpientes diferentes.

Una de las serpientes que atrapé era una boa constrictora. Escuché el grito de unos monos. Por lo general, eso significa que el peligro está cerca.

Los monos tenían razón. Habían visto a una boa. Los monos son una de sus comidas favoritas. De todas formas, atrapé a la serpiente. No fue nada fácil. Las boas pueden crecer hasta los 14 pies de largo.

La boca de la boa es impresionante. Tiene 100 filosos dientes y su mordida en verdad duele mucho. Lo sé por experiencia propia. Esta boa me mordió porque fui muy lento.

Colores mortales

Luego me encontré con una serpiente de coral de Allen. Debes tener mucho cuidado al estar cerca de las serpientes de coral, ya que son muy venenosas.

Las serpientes de coral también son muy coloridas. Sus cuerpos tienen bandas rojas, negras, blancas o amarillas. Los depredadores conocen estos colores. Se mantienen alejados de la serpiente mortal.

Si un depredador se acerca demasiado, la serpiente de coral se enrolla. Este truco hace que su cola parezca su cabeza. Si el hambriento depredador intenta alcanzar la cola, la serpiente puede escapar fácilmente.

De vuelta en el camino

Espero que nuestro safari de serpientes te haya ayudado a cambiar de opinión sobre estas criaturas. Quizás nunca quieras acercarte tanto a las serpientes como yo. De hecho, ¡no debes hacerlo! A menos que seas un experto, es muy difícil saber cuáles son peligrosas. Pero ahora que sabes algo sobre las serpientes, estoy seguro de que querrás aprender más. Bueno, me voy a otro safari de serpientes en India. Esta vez intentaré no agarrarle la cola a una cobra real; al menos no por accidente.

 ¿Por qué tanta gente le teme a las serpientes? ¿Deberían temerles?

Las coloridas bandas asustan a los depredadores.

Buscando serpientes

La serpiente de pino de Luisiana está en problemas. Es probablemente una de las serpientes más raras del mundo. Vive solo en los bosques de pinos en Luisiana y Texas.

Los guardabosques buscan proteger a las serpientes de pino, pero ni siquiera saben cuántas de ellas existen.

Verás, la serpiente de pino pasa la mayor parte del tiempo bajo tierra. Los guardabosques no pueden contarlas porque no pueden encontrarlas.

Entonces, recurren a otro animal para que los ayude a contar a estas criaturas. Buscan entrenar perros para que las detecten por el olfato. Los perros tienen un excelente sentido del olfato. Incluso son capaces de olfatear a una serpiente en su nido subterráneo. Eso podría ayudar a los guardabosques a saber cuántas serpientes de pino hay en la zona.

Vocabulario

extinto: completamente desaparecido

herpetólogo: científico que estudia las serpientes

de sangre fría: un animal que no produce su propio calor corporal

venenoso: que produce veneno

víbora de foseta serpiente con órganos que detectan el calor.

¡Serpient

Visión verde.
El color de estas serpientes verdes de la vid hace que sea difícil distinguirlas entre las hojas verdes.

es vivas!

Existen muchos tipos de serpientes. Viven en diferentes lugares: en el agua, debajo de la tierra y en las copas de los árboles. Pero todas las serpientes tienen algo en común. Todas se han adaptado a su ambiente. Sus cuerpos y comportamientos las ayudan a sobrevivir.

Perdiéndose en el entorno

El mundo es un lugar peligroso para las serpientes, ya que tienen muchos depredadores, o animales que quieren comérselas. Por eso, las serpientes a menudo tratan de pasar desapercibidas.

Una manera de hacerlo es usando el color de su piel. ¿De qué forma ayuda el color a las serpientes? Les permite camuflarse en el entorno.

Por ejemplo, algunas serpientes viven en lugares verdes, rodeadas de hojas y vides verdes. Una serpiente roja o amarilla se destacaría entre todo el verde. Pero una serpiente verde sería perfecta.

Otras serpientes viven en lugares en donde predomina el color marrón. ¿Qué tipo de serpiente podría esconderse entre ramas y tierra? ¡Sí, lo adivinaste! Una serpiente que sea marrón y parezca una rama.

El color es un buen disfraz. Ayuda a algunas serpientes a esconderse de los ojos de los depredadores.

Escondites prácticos

El camuflaje puede proteger a algunas serpientes. Sin embargo, no es la única forma que utilizan para evitar que se las coman. Las serpientes también dependen de su forma para mantenerse a salvo.

Las serpientes no tienen patas, por lo cual no pueden correr más rápido que un depredador. Tampoco tienen brazos para golpear a los animales. Pero sus delgados cuerpos les otorgan una ventaja.

Las serpientes pueden esconderse incluso en los lugares más estrechos. Pueden serpentear entre las rocas. Pueden meterse en grietas y agujeros. También pueden esconderse en hoyos y árboles huecos. Los animales más grandes no caben en estos prácticos escondites, por lo que las serpientes se mantienen a salvo en su interior. Después de un tiempo, los depredadores se aburren y se van en busca de una presa más sencilla.

Escondiéndose. Las serpientes tienen cuerpos delgados que les permiten entrar en pequeños escondites. Cuando el depredador se marcha, la serpiente simplemente sale del escondite.

De cara al peligro

Algunas serpientes hacen frente al peligro. Este es el caso de algunas serpientes grandes. En lugar de esconderse, se enrollan para formar una pelota. Sus carnosos cuerpos protegen su cabeza.

Otras serpientes intentan algunos trucos para lograr su seguridad. Un ejemplo es la serpiente hocico de cerdo. Ella utiliza todos los trucos posibles.

Primero, aplana el cuello para parecerse a una peligrosa cobra. Si eso no funciona, finge una enfermedad. Algunas veces incluso vomita o comienza a sangrar.

Finalmente, la serpiente hocico de cerdo finge su propia muerte. Se enrolla y se retuerce. Luego se queda perfectamente quieta y finge estar muerta.

Aunque no lo creas, esta actuación en verdad funciona. Muchos depredadores no quieren comerse a una serpiente "enferma".

Contraatacando

Cuando todo lo demás falla, algunas serpientes atacan. Se defienden con una de las únicas armas que tienen: sus feroces colmillos.

Los depredadores saben que la mordida de una serpiente es cosa seria. Esa mordida puede ser muy dolorosa. Algunas serpientes tienen mordidas venenosas. El veneno puede matar a un depredador.

Algunas pocas serpientes venenosas ni siquiera necesitan morder a su atacante. Simplemente lo escupen. ¡El veneno puede salir disparado hasta ocho pies de distancia! Las serpientes que escupen veneno apuntan a los ojos. Intentan cegar al depredador. Luego, se deslizan hacia un lugar seguro.

Las serpientes tienen muchas defensas distintas para mantenerse a salvo. Los colores de camuflaje son solo el comienzo. El objetivo es sobrevivir.

Acurrucada. Esta serpiente verde se protege a sí misma enrollándose para formar una pelota. Eso la mantiene a salvo de la mordida de los depredadores.

Colmillos para el combate. Algunas serpientes utilizan sus colmillos para combatir a los depredadores. Los colmillos de esta serpiente de cascabel son filosos y están llenos de veneno.

COLORES SABIOS

Las serpientes de coral son venenosas. Pueden matar animales de gran tamaño con una sola mordida. Sus colores brillantes advierten a los animales que se alejen.

Las serpientes reales no son venenosas, pero tienen colores brillantes. De hecho, se parecen mucho a las peligrosas serpientes de coral.

Serpiente de cascabel

La mayoría de los depredadores no saben diferenciarlas. Por eso, también se mantienen alejados de las serpientes reales.

Los animales como la serpiente real se llaman imitadores. Los imitadores copian a los demás. Lucen como otro tipo de animal. Su apariencia las ayuda a sobrevivir.

Serpiente real

Serpientes

Es tiempo de clavar tus colmillos en algunas preguntas acerca de las serpientes.

1 ¿Cómo se llaman los científicos que estudian a las serpientes?

2 ¿Qué significa tener sangre fría?

3 ¿Por qué las serpientes pueden pasar tanto tiempo sin comer?

4 ¿Cómo se protegen las serpientes?

5 ¿Por qué algunas personas desean evitar que las serpientes se extingan?